솔깃

최재경 시집

詩와에세이

2013

차례__

## 제1부

## 제2부

## 제3부

## 제4부

# 제1부

# 딱

아버지는, 밥상머리에서
밥을 복 나가게 먹는다고 수저로 대갈빡을 때렸다
말로 해도 될 것을
쳐다보았더니, 대든다고 또 때렸다
"딱" 어지간히 익은 소리가 났다
엄마도 모르게 은수저를 내다버렸다
다음날도, 지금까지도
아무도 더는 물어보지 않았다
열대여섯쯤 되던 해였다
지금도, 그 자리를 만져보면
대갈빡에서 "딱" 소리가 난다
복이 나갔는지 들어왔는지 알 수가 없다

## 소세지

점방에 들어온 할머니가 한참이나 무얼 찾고 있었다
젊은 새댁이, 뭘 사러 오셨냐고 물었는데
빨건허니 소 자지마냥 질쭉허게 생긴 거 사러 왔다 했다
점방에 있던 사람들이 배꼽 잡고 웃었다
다른 여자가, 그거 보셨냐고 물었더니
"응, 꼭 이만햐" 그랬다

# 서운하게 지는 꽃

마루에 송홧가루 노랗게 내렸습니다
강 버들 꽃씨가 술렁이며 날아갑니다
꽃대궁 까칠한 민들레가 안쓰럽고요
누릇누릇 익어가는 보리 터럭 까슬해지면
흙담 아래 당매화 처량도 합니다
꽃에게 나이를 물으면, 대개는 한 살짜리
애기들입니다
며칠만 더 살다 가도 좋으련만
붉은 꽃잎 구슬프게 떨어집니다
서둘러 가는 모습 내내 측은하여
속절없이 떠나는 모습 쳐다봅니다
꽃이 서운하게 피고 집니다

# 복종

아내가, 어디 가느냐고 물었다
바람 좀 쏘이고 온다 했더니, 피우러 가는 겨, 쐬러 가는 겨 물었다
집안에서는 바람 안 부남 나가야만 바람 부남 그랬다
할 수 없이 집에 있기로 했다
모임에 다녀온다 했더니, 거기 가면 돈이 생기는 겨 나가는 겨 물었다
돈 벌 궁리나 하란다
그냥 집에서 궁리나 하기로 했다
나도 얼마 전까지 머리 기르고 다녔는데
머리 묶은 시인은 집에 데려오지 말란다, 꼴도 보기 싫다고
그렇게 한다고 그랬다
얼굴색이 안 좋다고, 술 좀 줄이고 담배는 싹 끊으란다
고개만 끄덕였더니 대답을 하란다
대답을 했다
이장 그만둔 것도, 순전히 그 사람 뜻이었다
이런저런 말 듣기 싫으니 그만두라 해서였다

어쩌다 한번 성깔을 내보이면
아니나 다를까 내 목소리보다 높이 올라간다
그냥 시키는 대로 말 잘 듣고 살기로 했다
잘 뻗어 오르는 담쟁이를 자르다 말고
고약한 마누라,
그러나 들리지 않을 만큼만 지저귀어 보았다

# 안달이 났어요

아이들 뛰노는 운동장에 벚꽃이 환해요
버들잎도 흔들리며 자꾸 파래지고요
개나리가 어지러워요
머리 하얀 선생이
아이들 공부는 안 가르치고
호뜨기를 만들어주어요
일 학년은 삐
이 학년은 빼
삼 학년은 뿌, 그렇게 불어요
공부하는 언니들이 운동장을 쳐다봐요
저희들도 안달이 났나 보지요
봄날이 자꾸 시끄러워요

# 살구꽃 피는 마을

사람들 모두 들에 나가고

없는 마을에

살구꽃이 저 혼자 피어나지요

노을도 쓸쓸히 다녀간 저녁에

사람들이 하나 둘 돌아오면은

별들도 소곤소곤 반짝이지요

순한 사람들이 자는 시간에

살구꽃이 달님처럼 환해지지요

# 대추꽃

진달래 개나리 벌써 졌고요

살구꽃 앵두꽃도 모두 졌지요

집에 오는 세월교 건너올 적에

산모퉁이 물싸리 밥풀처럼 피어나

배고픈 뻐꾸기 뻐꾹 뻐꾹 울어요

홀로 나가 기다리는 마중 길에서

민들레 하얗게 머리 풀면은

푸르딩딩 대추꽃이 피어나지요

기다리는 사람 하나 없어도

저 홀로 야무지게 피어나지요

# 복만이

개장수 복만이의 일과는
개하고 싸우러 나가는 일로 시작된다
사람이 개하고 싸워봤자
이기면, 개보다 나은 놈이고
지면, 개만도 못한 놈이고
비기면, 개하고 같은 놈일 것이었는데,
복만이는 항상 개보다 나은 놈이었다
팔심 뚝심 좆심 이빨심 고루 갖춘
복만이만 떴다 하면
독종으로 소문난 개들도 꼬랑지를 내렸다
홍정을 하다가 산통이 깨지거나 누가 개주인의 역성이라도 들면
약 먹은 개처럼 눈을 까거나 식식거려 주인도 서둘러 값을 쳐 주었다
집에서 키우던 진돗개 두 마리 사가라고 기별했더니
오자마자 개들을 차에 실어놓고 홍정도 없이 계산을 했다
작업을 해서 식당에 내다 팔면 얼마나 남느냐고 물었

더니

씨익 웃으며, 초복 중복 말복 때마다 가격이 다르다면

서도

곱절은 남을 거라 하였다

시 그만 쓰고, 나도 개장수로 나가면 어떨까? 물었더니

형님은 개만도 못한 놈 될 거라고 그랬다

복만이가 아니었더라면

하마터면 개에게 물어 뜯길지도 모를 놈이 될 뻔했다

# 나물 캐는 여자들

여자들하고 나물 캐러 갔다

얼굴 탈까 봐
칭칭 가리고 나물을 캔다, 그러니
누가 더
이쁜지 알 수가 없다

여자들 손이 바쁘다
손 탈까 봐
장갑을 꼭 끼고 나물을 캔다, 그러니
누구 손이 더 뽀얀지 알 수가 없다

여자들이 오줌을 싼다
환한 궁딩이 볼까 봐
그늘 속에 가리고 오줌을 싼다, 그러니
누구 궁딩이가
더 큰지 알 수가 없다

# 그이의 노을

여태까지
안부 한번 없더니
찔레꽃 핀 한나절
야금야금 자드락길로 온다
나른하게 살아온 날들
어지간하면
실금이 가도 써야 할,

밥사발 같은 맘결
잔돈푼이나 생기면
저물도록 나댕기더니
자별하던 모습 어디 가고
술렁술렁 빈속으로 온다
눅눅한 저녁
수척한 해가 지고
혼자 보는 노을이 섧다

# 그게 아니라

성질머리 고약허기로 소문난 그 노인네 아침 자시고 담벼락 양달에 나와 앉아계신다 가는귀는 먹었지만 정신은 말짱하시어, 오늘도 작대기로 뭔가를 쓰시는데, 지우고 또 지우신다 지나가는 사람들이, 고개를 숙이고 "진지 드셨남유? 편히 주무셨남유?" 하면 "잉 그려, 밤새 별일 읎었능가? 자네, 자당님도 그만하신가?" 물으시다가, 그냥 뻣뻣하게 고개만 끄떡하고 지나가는 사람을 보면, 싸가지가 지 애비 애미 닮았다는 둥 궁시렁거리시다가

어느 날
저만치 떨어져 일을 하고 있는 아들을 불렀는데
곧 가요
좀 있다가 또 부르니,
아이 참 곧 가요
가는귀먹은 노인장 성깔이 돋아
이런 숭악헌 놈아
지팡이로 아들의 머리를 내리쳐 주었다

"뭐시 어째. 뭐 까라고?"

·

·

그거 참, 그게 아닌디

# 노상술

그의 이름은 노상술
제 아버지가 심사숙고하여 돌림자로 지어 준 이름이다, 그런데
성과 이름을 떼어 부르면 노상 술 먹는 사람이 되고 만다
일부러 놀리느라고
노상 부르고 쉬었다가 술 하고 부르는 일이 많다
저보다 어린것들이 그렇게 부르면, 쫓아가 귀싸대기를 후려패고
친구들이 그리 부르면 주먹으로 볼투가리를 날려버렸다, 어쩌다
마을 어른들이 그렇게 부르면 아예 대답을 안했다

면민 체육대회가 열렸던 날
술통을 메고 달리기 시합에서 그가 일등을 하고 말았다
시상식 자리에서 군수님이 상장을 주면서 하는 말이
상술 씨는 노상 술씨도 되지만,

뚝심 허리심 팔심 거시기심도 대단할 것 같다고 추켜 세우며
이제부터 "노상, 심" 이라 부르면 어쩌겠느냐고 그랬다
상술이 별명이 심이 되었다
건배할 적에 사람들이 선창으로 "노상" 그러면
상술이는 얼른 나서서 "심이요" 하고 맞받았다
그 뒤로 이름 때문에 아버지 산소에 찾아가는 일이 적어졌다

그의 아들 이름은 상술이가 지었다
큰 부자가 되라는 뜻으로
노. 다. 지라 불러 주었는데
어울려 놀다가 보면
노상 술, 노다지 술,
어쩌다가 술타령이 되어버렸다

## 치마

문방구집 딸 미영이는 내 친구다
머리를 양 갈래로 따고 이쁜 치마를 입고 오면
나는 툭하면 치마를 훌러덩 걷어 올렸다
미영이는 눈을 가리고 울었다
도망치다 몰래 쳐다보면 참말로 운 적은 없었다
그리고 선생님께도 부모님께도 일러바친 적도 없었다
가끔 나를 때리거나 꼬집었어도 하나도 아프지 않았다
어느 날은, 나를 자기 집으로 데려가 연필도 주고 크레용도 몰래 주었다
애들은 쑥덕거리고, 변소에는 누구누구하고 연애 걸었다는 낙서도 있었다
내가 아파서 결석을 하면, 먼 길 찾아왔다가 그냥 돌아간 적도 있었다
아파 누워있어도 미영이 치마가 생각났다
다른 애들은 감히 미영이 치마를 걷어붙일 생각을 못했다
쓰봉을 입고 오는 날은 나는 되게 심심했다
일부러 생글거리며 내 곁을 자꾸 왔다 갔다 지나쳤다

살랑살랑 세월이 이렇게나 많이 흘렀나
가끔 만나는 초등학교 동창회 때도
할머니 미영이는 치마를 입고 나온다
또 걷어붙일까 봐
치마 끝을 꼭 잡고 내 곁으로 온다

# 먹고사리

장마철도 아닌데 며칠을 두고 가며 오며 비가 내렸다
마루에 나와 담배를 물고 혼자 중얼거리는데, 전화가 왔다
"큰애야, 비 그치면 아버지 산소에 좀 다녀오거라.
내려오면서 고사리도 꺾고, 작년에 심은 철쭉 폈는지도 살펴보거라."
밤새 논 개구리 억머구리로 울더니
오늘은 아버지 산소 곁에 오르는 먹, 고, 사, 리
소주 두 홉에 북어 한 마리, 아버지 한 홉 나도 한 홉
북어 대가리 씹으며 시커먼 먹고사리 꺾는다
간장 종재기 같은 산소 곁에 고사리가 쌓인다
아버지가 그러신다
그거 내다 팔아 너 혼자만 술 받아먹고 담배 사 먹어라
그리고 다음에는 좀 서둘러 오라 하셨다

속으로 그랬다
내년에 또 올지 모르겄네유

# 호오이 호이

물 철렁한 방죽에 비오리들이 놀고 있어요
엄마가 호이 신호를 보내면, 풀숲으로 흩어지고
다시 호오이 부르면 쪼르르 따라와요
나도 따라서 호오이 불러보면, 고개를 들고 나를 쳐다
봐요
또 불러보면, 물 가운데로 동그랗게 모여서 놀아요
노는 모양이 참 이뻐요

신작로를 가로질러 잠을 자러 산에 가요
엄마가 먼저 건너가서 소리를 하면
일렬로 쪼르르 순식간에 건너와요
별이 뜨고 어두워지면 애기들하고 잠이 들어요
고단해서 코도 골아요

어디서 자는지는 아무도 몰라요

## 오줌발

봄날이 하두 따스해서리, 빈집 돌담 아래 앉아있는데
꼬맹이 둘이서 깝죽깝죽 다가오더니
"할아버지 우리하고 오줌 멀리 보내기 시합해요" 그랬다
마을에서 둘밖에 없는 초등학교 1학년짜리
쌍둥이 형제들이었다
너희들 둘이 먼저 해보라 하였더니,
요놈들이, 공평하게 똑같이 싸자는 것이었다
좀 거시기했다
누가 보면 애기들 데리고 뭐하냐고 할 것 같았다
그래도 졸라대니 할 수 없었다
아마도 요놈들이 꾹 참고 있다가 힘차게 갈길 것만 같았다
잠지를 훌렁 까고 있는 힘을 다해 갈기는데,
직선, 곡선, 8자, S자 지놈들 맘대로 쓰고 지우고 하는 것이었다
나는, 나오다 만 머시기를 슬그머니 집어넣었다
요놈들이 쑥덕쑥덕 나를 놀려먹었다

할아버지가 막걸리 많이 먹은 날 다시 하자고 입을 막았다
길바닥에 애들이 그려놓은 그림들이 살아있다
그 옆에 머위싹이 힘차게 올라오고 있었다
담장 밑이 푸르렀다

# 딱정벌레

딱정벌레를 잡아 땅바닥에서 애들하고 논다
동그랗게 모여 신기하게 논다
윤이 자르르 흐르고, 딱딱한
허릿심 좋은 검정벌레
뒤집어 놓으면 톡 하고 튀어 오르고
엎어 놓으면 죽어라 도망치다가 붙잡혔다
애들은 재미나고 벌레는 고단하다
·
·
·
수업종이 울린다
딱정벌레는 잠시 쉬고
애들은 공부하고
나는 시 한 편 쓰고

# 뻐꾸기소리

밭에서 일을 하다가 뻐꾸기소리가 나면
아내는 저절로 호미를 놓는다
또 도질병 났구나 생각하며
"저 소리가 뭐가 좋아" 하고 물으면
"그냥 쓸쓸해서 좋아" 그런다
나는
"새벽에 우는 휘파람새 소리가 참 좋아" 그러면
"그 소리는 너무 외로워서 싫어" 그런다
"그럼, 비는 어떤 비가 좋아" 물으니 대답을 안한다
"눈은?"
호미질을 하다가 나를 쳐다보고 그런다
"우리 참 나이 어지간히 먹었지?" 그랬다
수리봉에서 뻐꾸기가
뻐꾹 뻐꾹 한나절을 울다가 갔다

# 제2부

# 당골네의 오월

낮에는 약장수가 좀약을 불알처럼 흔들며 까불다 갔고
눈이 쑥 들어간 폐병쟁이는 기침만 하다 갔다
해거름엔 소금장수도 지나갈 판이고
어두우면 새우젓장수도 놀다 갈 것이다
댕겨가고 쉬다가는 사람도 많은 귀틀집에
당골네도 복사꽃도 흥건하게 젖어있다
어쩌건에, 꽃물 풀물 시푸루둥둥 녹아날 판이다
꿈같으고 화사한 세상이다, 보리밭 말고는
마땅히 숨을 만한 곳이 없다
자꾸 이리 오라 손짓이다
나도 실성한 놈처럼 따라간다
쑥국새가 한참을 쳐다보고 있었다

# 솔깃

읍내 다방이 신장개업을 하면서 마담도 새로 오고 배달하는 아가씨도 둘이나 따라온다는 소문이 돌았다 스무 개가 넘는 마을로 순식간에 번졌다 모두 솔깃하였지만, 그 놈의 체면 때문에 내놓고 좋아라 하는 눈치는 뒤로 꿍쳤다 스피커소리가 밖에서도 들리게 뽕짝으로 조지는 관광버스 막춤 음악이 흘러나왔다 화환인지 꽃다발인지 화사하게 차려입은 여자들이 위아래를 흔들며 차를 날랐다 젊은 것들은 가겟방에서 노닥거리며 해가 식기를 기다렸고, 나잇살이나 있는 이들은 둘러앉아 내가 누구이며 어디 사는 거시기고 머시기 타령이다 뻔한 뻥튀기로 자기소개를 했다 그럴 때마다 여자들은 착 달라붙어 시키지도 않은 비싼 쌍화차나 칡즙을 저희들 맘대로 시켜먹었다 해거름이 되어서야 하나 둘씩 일어선다 무슨 미련이 남았는지 자꾸 뒤를 돌아다보며 느리게 느리게 집으로 돌아갔다 그제서야 우덜 차례가 되었다 몰려가는 중에 누가 그랬다 "밤이는 술도 판다" 솔깃하다 솔깃! 어쩌자고 솔깃에게 자주 넘어진 봄날

# 풍뎅이의 하루

검거나 푸른빛이었다
바람이 불거나 비가 오면
고단한 날개를 접고 숨어야 했고
어둔 밤에는
남의 집 불빛을 찾아 수십 리 길을 날아야 했다
얼마 아니 가서 제풀에 사라지고 말
저 뜨내기 바람을 따라가야 했다
결국에는 초라한 몰골로 풀칠이나 하며
퍽퍽한 하늘을 보고 누워야 했다
뱅뱅 어지럽게 돌아본다
우는 소리로 사정해도 소용이 없다
안타까운지고
이슬처럼 아까운지고
다시 한번 총알처럼 날 수 있다면

# 창꽃

봄 햇살은 응달쪽이고 양달쪽이고 질편하다

삭신이 흐물흐물 곰삭아 터지다가 가슴이 미어져

불면의 밤은 계속되는데

애기 무덤을 파헤쳐 배를 채운 문둥이가

그 꽃을 따먹고 죽었다는 애장터 근처에도

꼭, 사월 초승 밤이면 누가

흑흑 우는 소리를 들었다던 흑성산 가막골에도

여지없이 창꽃은 만발하여

허다한 야산에는 자장노래 술렁이고

비라도 부실부실 내린다면 애잔한 모습 가이없다

꽃상여 나가던 빗근길이 삐죽삐죽 핏발로 엉기어

사월이 뉘엿뉘엿 물든 노을로 진다

그 길로 핑그르르 울며 가던 어미여

# 그 봄

세수 안 한 꼬락서니 볼만 하더니
열나절을 분 바르고
모양내는 모습이 가관이더라
어쩌자고
요랬다 저랬다 하는 변덕이
바람난 수캐처럼 싸지르고 다니더니
이리저리 기웃기웃 알랑거리고
술이나 한잔 얻어먹으면
낯짝 벌겋게 에헤거리다
오늘은 수지맞은 날
싱숭생숭한 날이면
고얀히
벌겋게 타는 불을 쏘삭거려
해도 달도 식게 하여
시무룩하게 하더니
염치가 없나
오막집 담벼락에 기대어
슴벅슴벅

## 그 봄도 존다

# 개평으로 살아가기

이개평 씨는
원래 가평이씨에 이름은 기평인디
개평을 하두 좋아하여 이개평이 되었지
여지껏 살아온 것도 거진 개평으로 살아왔는디
장날 시장에 나가면, 노상 "좀 싸게햐, 개평 즘 읎나?"
조합에 가면, "커피 한 잔 읎나?" 면에 가서는 "따끈한 쌍화차 같은 거 읎나?"
마을에 이동슈퍼가 들어오면, "어제 팔다 남은 재고 같은 거 읎나?"
사지도 않으면서 이것저것 오만가지 가격이나 물어보고, 비싸니 싸니 하여 성가신디
화투를 쳐도, 자기는 뒷전에서 훈수나 들다 젊은 사람한티 혼구녕이나 나고
시킨 음식 올 때까지 끝끝내 기다리다, 기어코 한 그릇 개평으로 얻어먹고서는
누가 온다는 핑계로 슬그머니 나가고 마는 사람
전화를 할 때도 "응 나 개평이여"
문패도 누가 고쳤는지 이개평

쌀자루에도 외상장부에도,
그래도 이개평 씨 인정 많은 사람
누구하고 한번 싸워본 적 없는 사람

오늘도 기평 씨
순전히 개평으로 또 하루 살았다

# 표정으로 말하기

나는 알고 남음이다
별 하나 떠 있어도 지붕 위에 내리는 별빛의 표정을
빈산으로 불어가는 바람의 표정도
늙은 참나무에서 웅웅 우는 부엉이소리라든지
마루 밑에서 코를 골며 자는 고양이
병아리 물어죽이고 똥 마려운 강아지

알 실은 소리를 하며 장소를 보는 암탉
하늘에 떠있는 황조롱이 눈빛도
초상집에 낯선 문상객
밤길에 툭 튀어나온 돌짜가리

날은 자꾸 어두워지고
서둘러 집으로 가는 사람들의 어깨
수지맞은 장사 신명난 얼굴
외상 잘 주는 수더분한 가겟방 주인
시를 읽다가 고개를 끄떡인다든지
하루에도 몇 번을 꼭 봐야 하는 산과 강의 표정도

그렇게 우리는 다 알고 남음이다

두계역 팥거리 방앗간에는 말 못하는 벙어리 부부가 살고 있다

# 저울

내가 물에 진탕 젖은 솜이불이었다가
구겨진 폐지처럼 덩어리가 되었다가, 그러다가
눈금을 보고 조금씩 덜어내는 쌀자루가 되어
날마다 가벼워지다가 끝내 비어버리는 것처럼, 때로는
풀풀 날아다니는 연기처럼 흩어지고
사라지는 바람도 되었다가
그럭저럭 그렇게 살아왔다면
뙤약볕에 나왔다가
시름시름 말라 죽어가는 지렁이든지
먹은 것을 죄다 땀으로 쏟아내고 늘 허기가 진다면
돈 내지르고 땀 빼는 사람을 보고 오장이 틀어졌다면
우리는 슬그머니 저울에 한번 올라가 볼 일이다
깎아 말리는 감은 물기가 쏙 빠져 곶감이나 된다지만
그래서
사는 것이 노상 시지부지하다가
속앓이로 시근시근 아파간다면
때로는 쉬엄쉬엄 쉬어가다가
아무 저울에나 한번 올라볼 일이다

저울이
눈금을 타고 파르르 떠는 모습을 볼 일이다

# 끄름

겨울이 한창인 동짓달이 되면 노상 오던 짐두홉두 안 오고 윤병반이도 꿈쩍을 안했다 반갑잖은 까마귀들만 떼거리로 몰려와서는 까욱까욱 숭악허게 짖어대고, 추워도 해나 바짝 떴으면 흙담 양달에 나가 오고 가는 차도 구경하고 나가있을 판인데, 바람은 정나미 떨어지게 불어싸니, 당최 이거 한갓진건 좋은디 심심혀서…그런디 내 화물차를 빌려 가서 기스를 내고 온 동생한티, "이거 어칙할판여?" 했드니만 "성님 츠분대루 허시야지유." 라구 지껄이던 장스홉이 시쁘둥하게 걸어오더니 "성님 나 말여, 돈복을 못 탔으면 인복이래두 있으야지. 넘덜은 행복도 있구 만복도 있다더만서두 무신놈의 팔자가 있다는 게 박복 하나뿐이니 이거 하루 이틀도 아니구, 이놈의 신세 폭폭혀서 워치기 산다요. 회관이서 동전으로다 고스돕뿌를 치는디, 죽어도 고 하는 늠 때문이 지대루 한번 죄어보두 못허구 눈먼 돈 삼천 원 홀라당 찔러박구 가는 챔이구먼유. 뒤져라 농사져서 헐값에 나락가마 실어 보내고, 요새 아주 우환도 우환이지만 이거 끄름나서…이 생각 저 생각하면 부애만 나구, 뇡약마시는 심치구 술 백이 안들어 간다니께유."

날은 눈이 퍼불라나 꾸무럭한 것이, 집 나간년 정지처럼 침침하다 장스홉이 뚜뚜네가 내장국을 개시했다는데 우거지 맛이 쥑인다고 바람을 넣었다 "나 접때버터 술 끊었는디." 했더니만, "성님이 술을 끊으셔? 아싸리 말혀서 성님은 술을 끊는 것버덤 숨을 끊는 게 더 빠를규. 잔소리 하덜말고 어픈 인나서 가더라구요." 그냥 따러나 나설 걸 고얀한 소리를 해가지고 쿠사리를 먹었다 며칠 빠끔 건너가나 한 것이 잘못이었다 "같은 옷을 입어두 돋뵈는 늠이 있구, 들뵈는 늠이 있다는디, 저 화상은 미제 쎄무 잠바를 입어두 똑 게껍데기 둘러쓴 늠으루밖에 안 뵈는디, 이장님은 원제봐두 참 멋집니다요." 하고 주인장 뚜뚜네가 말을 건넸다 외상값을 지딱 못 값는 장스홉이 암말도 못하고 소주 두 홉짜리를 꺼내오면서 술국을 시켰다 햅쌀 방아쪄서 돈푼이나 만지면 갚으면 될 터인데, 저 스홉이는 꿩 귀 먹은 소식이니, 폭폭혀서 하는 말이었다 "나도 한 고뿌 줘봐, 이나저나 먹자고 하는 장사지만 너무들 하는구먼 그랴." 뚜뚜네가 한바탕 신세한 탄을 하는데, 창 밖에는 거위털 같은 함박눈이 풀풀거리고 내리기 시작했다 손님들은 멀쩡한데, 혼자 취한 주인이 또 창 밖을 보며 투덜거렸다 "내가 동백아가씨를 모르나 신사동 그 사람을 모르나, 인생 칠십을 거짐 뽕짝쪼루다 살었는디, 이제 와서 싫구 안 싫구가 워디 있간디, 이눔의 장사도 이제 끄름나서 못해 먹겄어." 돌아오는 길에 우리는 아무 말도 없이 눈길을 따라 마냥 걸었다 갈 적에 불던 바람은 강변을 타고 달려오던 높새바람이었는데, 돌아오는 길에 지멋대로 부는 바람은 분명 끄름 가득한 된바람이었다

# 이장 봉급

작은 산골마을에 달빛이라도 내린다면 숨이 멈출 듯한 고요가 찾아와 적적하기 그지없고, 한 집 걸러 하나 둘 버리고 간 폐가들을 빼면, 한 집당 노인네 한 명이 납작 엎드려 자는 함석 슬레이트 지붕 아래 고단한 밤이 깊어만 갔다 아침 식전에 방송해야 모두 알아듣지, 동이 텄다 하면 논으로 밭으로 나가는 통에, 서둘러 방송을 해야 한다 "주민 여러분 이장입니다요. 다름이 아니라요. 오늘은 보건지소에서 건강진단을 하는 날입니다요. 그러니께 10시까지 회관 앞으로 모여주시길 바랍니다요. 그리고 내일은 말이지요. 농기계 수리를 하러 온다니께 경운기 트랙터 콤바인 예취기 분무기 관리기는 마을 정자나무 아래로 가져 나오길 바랍니다요. 다시 한번 말씀드립니다요…" 방송을 듣고 일 나갈 사람들이 회관 옆 구판장으로 모이기 시작했다 마을 구판장이라야, 도회지 골목 구멍가게만도 못하여, 갖춘 거라고는 됫병 막소주와 양조장에서 배달된 막걸리 서너 병이 고작이고, 포장에 먼데기가 부연한 라면이나 가락지 과자 번데기 과자뿐이었다 찾는 사람이라야 식전에 속풀이하러 나온 은애 아부지 아니면 죽은 진산 어른 작은아들 만식이가 고작이었다 "어이 이장, 션한 막걸리 이제 막 왔는디 해장술 한잔 받아줄쳐? 어제 보니께 다방서 나오데? 이리 와 한잔햐. 건강진단은 진단이구 속은 풀어야 쓰는 겨. 안 그려?"

해가 한나절 가웃 자빠진 회관 앞마당에는, 종합진단 버스 엔진소리와 구판장 떠드는 소리로 가득했다 약통을 메고 고추밭에 가던 만식이는 벌써 취해있었고, 은애 아부지는 고얀히 진료하는 의사 간호사에게 시비를 걸기 시작했다 "지 놈들이 뭘 안다구, 아 여기가 바로 대학병원 실습장인 거여. 실습장. 한번 먹으면 싹 가셔야지, 약이라구 주는 것이 어디 몹쓸 놈의 약장수가 주는 약이라니께?" 젊은 의사 선생이 가만히 듣고 있다가 큰소리로 나를 불렀다 "이장님 말예요. 술 먹은 사람 있으면 안 된다고 제가 신신당부를 드렸는데 이게 뭔가요? 이장님도 술 한잔했지요? 참 내, 저 분이나 집에 모셔다 드리고 오세요." 식전부터 할 일 팽개치고 나와 방송하고, 아들 같은 의사에게 쿠사리 먹고 영 하루가 거시기할 판인디 전화가 왔다 "이장님, 봉급 나왔으니 얼른 타가세요." 공복에 들어간 막걸리가 다시 삭혀지는지 뱃속이 우글거렸다 이달도 전달과 다를 수가 없다 오늘도 매한가지 일뿐, 봉급 타서 담배 한 보루 사고, 가겟방 다방 술집 외상값 줬더니 백 원짜리 동전 두 개 남았다

# 진저리

파란색은 찾아볼 수 없다고 했다 그러나
용을 쓰고 살아있다면, 그것은
독새풀이나 빈산에 난초뿐이어서
눈이라도 올참이면, 폭설이라도 내릴 판이면
싸그리 사라지고 마는 한겨울 풍경이라 했다
겨울밤이야 으레껏
솔가지로 댓잎으로 불어가는 바람길인걸
승냥이가 눈에 불을 쓰고
슬금슬금 닭장을 기웃거리는 광경도
진저리치는 겨울이라 했다
뱃사람들은 겨울바람을 호되게 분다 하여
된바람으로 불렀다지만
산속에 들어간 사람들은 겨우내
진저리바람하고 살았다 했다
한밤중에 마당에 나가 오줌을 누다가
추썩거리고 문을 닫다가
오싹 한기에 진저리를 쳤다면, 그것이
먼 길을 도반들과 함께 가는 길이라 했다

진저리를 쳐보지만 혼자는 갈 수 없다고 했다

# 부뚤네

부뚜뚜뚜 부뚤네 말 못하는 부뚤네
부뚜막에서 부뚜리 낳고 부뚤네라 불렸다지
그래서 죽을 때까지 부뚤네라 불렸다지
도토리 주워 묵 쑤고 콩 갈아 두부 팔아
부뚤네 한평생 이렇게 살았는데
되직한 구수함이 근동으로 소문나
될성싶은 부뚜리 신명나게 키웠다지
비지땀 흘려가며 대학도 갈켰는데
똘똘한 부뚜리 크게 성공하였다지
돈도 많이 벌었다지

부뚤네 생전에
나 죽어 콩밭 아부지 곁에 묻어 달라 하였는데
호강시켜준다 서울 오라 하여도, 손짓으로
내 걱정 하덜 말고 느그들만 잘살라 하였다지
콩밭에 무서리 다녀간 날
부뚤네 죽은 지 나흘 만에 알았다지
겨자상 앞에서 콩 가리다가 죽었다지

그렇게 세상 떴다지

부뚜리 엄마 죽어 며칠을 울었는데
옛집 부뚜막에 앉아 소리 내며 울었는데
뜨거운 눈물이
부뚜막에 흘렀다지
가마솥 소댕도 들먹이며 울었다지

# 혼자라는 가을

길 위에서 길을 잃어버리고 막막할 때
물들다 떨어져 마당에 굴러다니는 낙엽처럼
찬방 윗목에 기력도 없이 죽어가는 벌레라든지
어디로 날아갈지 모르고 풀섶에서 우는 새

그렇게 우리는
가을처럼 혼자가 되어, 시무룩하게
건너야 할 강
산다는 것이 떠돈다는 것이면
쉰다는 것은 죽는다는 것이지, 그래서
산과 강을 떠돌면서 세상을 산다는 거지
길 위에서 한세상 떠돌다가, 문득
어느 날 가리라 마음먹고 산다면
늦은 가을날
창 밖을 보거나 마당에 나가도 늘
허전하기는 매한가지, 그래서
비라도 내린다면, 서먹하게 젖어
오늘도 나는 뜬생각에 잠들지 못하지

## 이 죽일 놈의 가을

# 이장! 집에 있어?

김판용 씨가 죽을라고 농약을 벌컥벌컥 마신 날이었다
봄 가뭄이 어지간하여 저수지 바닥이 허옇게 말라가는데
뻐꾸기는 어여 씨갑씨 뿌리라고 뻐꾹 뻐꾹 울어대고 있었다
119구급차가 마당에 들어와 한바탕 난리를 피우고 떠난 뒤
"자식 여럿 있으면 뭘햐. 하나같이 애미 애비 속만 징글허게 썩히니 어쩐댜."
걱정들이 한결 같았다
봄 버즘이 까칠하게 피어났어도 세월은 하냥 그렇게 흘러서
논 갈고 밭 갈아 쌀도 먹고 콩도 먹게 그렇게 흘러서
죽으려고 했던 일도 까마득히 흘러서
어느새 들국 산국은 자꾸 피어났다

"이장! 집에 있어?"
만나면 으레 인사가 '한잔할쳐'인 판용 씨가 찾아왔다

"그때 증말로 죽을라고 약 먹은 거 아녀. 애새끼들 정신 좀 차리라고 쇼를 한 거여."

"얼마나 마셨슈?"

"한두 모금 먹었는디 말여. 오장이 틀어지는 게 느껴지더라구. 병원에 갔는디 똥구녕 목구녕에다 호스를 집어넣고 지랄을 떨어서 외려 죽는 줄 알았다니께. 풀약 먹었으면 고대 죽을 판인디 그나마 다행이라데."

판용 씨가 울고 있었다
"한잔할쳐?"
황금빛 물감이 논으로 번져가는디 어디서
쉬쉿거리며 쇠오리가 날아가고 있었다

# 말하자면

꽃살문 안쪽이 궁금했는디
젊은 새댁이 말여
퉁퉁 불은 젖을 꺼내서 입에 물리는디
고것이 말여
복숭아 속살처럼 뽀얗고 탐스러워
만지작거리며 가지고 놀고 싶었단 얘기여
껍질을 벗길 때마다 단물이 흥건히 묻어나와
뭔 나비가 이리저리 날아다녀 어지러울 판인디
이런 밤에는 꼬바기 뻐꾹이가 뻐꾹거려선
밤이 저 홀로 녹아나서 감당할 수가 없었다는 얘기여
말하자면…

내가 나에게 이르기를
오월 밤에는 그저 꿈이나 꾸다가
오동꽃 피고 지는 소리나 들으며
속상해도 그러려니 하며 잠이나 자 두는 것이 상책이라고 일렀거늘
오늘 밤도

잘못도 없이 괜히 가슴만 두근거린다는 얘기여
말하자면…

# 닝기미, 어느 여름날

쏘내기가 퍼 불라나
다 저녁에 청개구리가 꽥꽥거리고 지랄 났어
아직도 식지 않은 햇덩이는 서산에 한창인디
닭 잡으러 간 종철이는 감감소식이고
온몸이 끈적거려, 찬물 한 바가지 껸치면 십상이겄는디
닝기미, 할 일은 지천이고 그냥 내팽기자니 그렇고
하여간에, 대충 끝내고 읍내 션한 생맥주 생각이 간절했어
비가 바람보다 먼저 달려와 쏟아지는디
장대비가 퍼붓는디
한낮에, 대가리 벗어지게 뜨건 걸 생각하면
집 나갔다 돌아온 여편네보담 더 반가웠어
아 그란디, 이 비가 금세 그치질 안 하고 솔찬히 내릴 모양새라
막쐐주가 넘어가는디, 뜨끈한 것이 넘어가는디
목구멍에 내려가다 불이 확 붙어버리고 말았어
그리하여, 비가 오든 말든 마루에서 그냥 잠이 들었나

봐

온몸땡이가 하두 근질거리고 따끔거려 일어났더니
오늘도 혼자 잠이 들었던 모양이여, 닝기미
근디, 누가 다녀갔나벼
접시 위에 말여
다 탄 모기향이 점선을 그리며 떨어지고 있었어
나도 그렇게 동그라미 타들어 가고 있었어

# 물꼬 보러 갔다가

여우비가 슬그머니 다녀간 대낮에
거반 말랐던 빨래가 축 늘어져 있다
말매미 쓰르라미가 악을 쓰고 울어대고
산여치도 덩달아 찌직거리고 있다
집에 온 딸아이는 봉숭아 꽃잎을 모아
콩콩콩 여름을 빻고 있다
텃밭에 키 큰 옥수수수염이 붉고
오므렸던 도라지꽃이 폭폭 터진다
늘어지게 낮잠이나 자려다가
며칠 안 가본 논이 궁금하여 삽을 들고 나선다
논두렁을 걸어가는데
오늘은 어쩐 일인지 뜨건 날 피사리하던
마을 동생이 부른다
어디에 가든 늘 숨겨논 술이 있어
오늘은 어디에서 나오나 봤더니
논 수멍머리에서 소주 한 병을 들고 나온다
형님 미지근한 술은 못먹유
이래 봐도 시아시 하나는 끝내준당께요

논물이나 봇물이나 미적지근하기는 매한가지인데
허풍이 대단하다
반병씩 노나 먹고 일어서는데
수리봉 하늘이 수상쩍다
들판으로 우르르 천둥이 친다
찬바람이 뜨신 바람으로 불어온다
소나기가 퍼붓는다
채찍비가 얼굴이고 등짝이고 후려친다
피할 도리가 없다
어떤 놈 소행인지 묶어논 풀에 발이 걸려 꼬꾸라졌다
옷 입은 채로 물속에 뛰어든다
고무신이 떠내려갔다
까진 팔꿈치에 피가 난다
물꼬 보러 간다는 풍신이 중얼중얼 돌아온다
호랭이만 신명나게 서너 번 장가 간 날이었다

# 예를 들자면 말여

쑥국새가 울다가 슬며시 사라졌다면 말여
속앓이하던 깨구락지 소리를 들을 수 없다면 말여
어지간히 여름이 시작되었다는 얘기여
나절 가웃 자빠져서 민기작거리다가 뻔뻔하게시리
점심상 내오라고 성질부터 내는 꼬락서니 하고는
싸그랑 비가 내리다 말고
쨍볕이 내려 흐지부지 하루가 간다면
여름이 말여 솔찬히 익었다는 얘기여
찬물을 끼얹고도 끈적거리기는 매한가진디
옆댕이에 착 붙어서 수작을 부리는 거 허구
햇무리 구름이 뭉개졌다 새털처럼 흐트러지고
달개비가 피어나 어쩌자고 자꾸 피어나서
대추 같은 다래가 들큰하게 익어 간다면
이제 여름도 어쩌지를 못하고 돌아가야 한다는 얘기여
억척으로 살다가도 걸핏하면 종일 울거나
몇 날 며칠을 악을 쓰고 울다가
빈 껍질로 사라지는 매미 같다는 얘기여
예를 들자면 말여

# 제3부

# 우리 마을 이장

다섯 개 부락 이장들이 단합하여 도장을 눌러준 사건이 있던 보름 후 어부지리로 마을의 대표가 된 지도자가 어깨에 힘이 잔뜩 들어가지고, 건들거리고 걸어간다

다짜고짜로 마을회관 열쇠를 움켜쥐고 방송을 한다 "사람들이 그러면 쓰간디유. 아, 주민들을 핫바지로 봐도 유분수지. 돈푼이나 받아먹고 도장을 눌러유. 나도 촌놈이지만 알만한 건 다 알지유. 이참에, 뽄때를 보여줘야 합니다."

집에서 방송을 듣고 있던 지나간 이장이 승빨이 났다 "아, 저 놈 좀 봐 터진 입이라고 함부로 지껄이네, 지 깐놈 지도자 세워준 게 누군데 내 덕택에 여태 살아온 놈이." 단바람에 쫓아간다 다구진 주먹이 볼투가리로 날아간다 분한 마음에 갈겼지만 두 손으로 감싸고 자빠진 꼴을 보니 안됐다 일으켜 세우고 사과한다 술잔이 얼큰하게 돌아간다 매를 친 이장에게 한마디 한다 "얼마씩 먹은 겨?" 다시 술상이 엎어지고 난리다

# 저도 촌놈이면서

즈이 집구석 일할 때는 식전 해 뜨자마자 설치고 위세를 떨던 놈이, 내 논에 모 심어준다고 일찍 나오라고 해서 서둘러 아침 대충 거르고 나갔더니, 새참 때가 되어서야 택시를 타고 와서는 하는 말이, 참 내 어제 먹은 술이 과하여 속이 쓰리고 허니, 션한 맥주 한잔 마시고 심어야겄다는 거여 50씨씨 오토바이를 타고 읍내로 냅다 달려가서 션한 느흡들이 두어 병에 안주까지 사 들고 왔더니, 논두렁 그늘에서 이놈이 잠이 들어버린 거여 간신히 깨우고 달래서 속풀이 시켜놨더니, 밍기적 이앙기 시동을 걸더라고, 그라더니 말여, 시발유가 떨어졌다는 둥, 지놈이 먹는 맥주는 CROWN이라는 둥 오늘은 이렇게 되었으니 그냥 하루 쉬고, 천상 낼 심어준다고 하며 보똘에 손을 씻고는 마침 내려오는 택시를 타고 후다닥 내빼버리는 거여

그놈 멕이려고 집사람이 들깨 갈아 데직하게 삶아 온 머위나물에 미지근한 소주를 병째로 마셨어 두 병을 마셔버렸어, 구부러진 논두렁이 말라비틀어진 지렁이 같

앉아 한나절이 가고 있었어, 누워서 하늘을 보니 새털구름도 있고 비구름도 지나갔어 보리는 누렇게 익어가고 있는데, 내일 심어도 괜찮다고 뻐꾸기가 오늘은 쑥국 쑥국 울었어 들판에는 말여 지천으로 개망초가 피어나고 있었어

# 잔대보지

한우가든으로 들어가는
얼굴들이 벌겋다
부녀회장들이 다 모인 술자리에서
나더러 건배 재의를 하라고 했다
마땅히 할 말이 없어
그냥 위하여를 하려 했는데
입 걸기로 유명한 텃골 회장이 일어나더니
자기가, "잔대" 하면
우리는 "보지" 하고 큰소리로 외치란다
우습고 재미나서, 목청껏 "보지" 하고 술을 먹었다
"잔대보지"를 신명나게 외치며 술들이 취했다
집에 와서 혼자 낄낄 웃으니까
아내가 실성했느냐구 했다
잔대보지 얘기를 해주었더니
핀잔을 하면서
술 취했으면 "잠이나 자지" 했다
웃으며 다시 외쳤다 "잔대보지"
아내가 한마디했다 "잠이나 자지"

혼자 낄낄거리다가 술기운에 그냥 곯아떨어졌다
아침에 내린 폭염경보가 주의보로 바뀌고 있었다

## 뒤집어서 말리기

어제 아내에게 불뚱거리고 한마디한 것이
여태 풀어지지 않고 퉁퉁 부었다
빨래를 한 소쿠리 들고 나오기에 얼른 달려가 받아주었다
빨래를 모두 뒤집으라 한다
뭐하려고 두 번 일을 하느냐고 했더니
말이 많다고 하면서 하기 싫으면 놀러 나가란다
뒤집으며 생각해도 이유를 잘 모르겠다
오징어나 황태를 말릴 적에도 그냥 말리고
고무신이나 장화는 거꾸로 말리는데
반을 착 접어서 대충 걸쳐놓으니
쳐다보고 또 한마디 한다
탁탁 털어 반듯하게 펴서 널고 집게로 꼭 물으란다
사람도 더러워지면 깨끗이 빨아 탁탁 털어서 뒤집어 놓거나
술 담배에 찌든 오장을 그렇게 한다면
삐뚤어진 마음을 그리한다면
뒤집어 말려서, 모든 것이 해결된다면 얼마나 좋을까

집에 온 지 일 년이 넘도록 목욕 한번 못한 진돗개 털
이
누렁이가 되었다
저놈을 세탁기에 돌려 뒤집어 말리면 하얘질까
내 옷은 닳아서 해졌지만 무늬는 오늘도 선명하다
내 심사도 비비 꼬였다가 뒤집어 말리면 펴지겠지
바지랑대 끄트머리에
하늘색 연이잠자리 한 마리 앉아있다
오늘도 아내는 빨래를 탁탁 털어 뒤집어서 말린다

# 소금짠지

썰렁한 벌판이나 변두리에 버려진, 바람만 잔뜩 쏘인 무지랭이들이 악착같이 살아가고 있다 거적때기 틈으로 찬바람이 숭숭 소리를 내며 지나간다 비 오다 눈이 내린다 갈라진 살에 피가 고인다 혓바닥으로 빨아먹는다 간이 배어있다 속이 허전하게 애초부터 그렇게 살았다 숨이 죽지 않는다 끈질기다 지금은 모른다 아무도 죽일 수가 없다 오직 짠 막소금이든지 매운 내가 풀풀 나는 고춧가루라든지 마늘이라면 또 모를까 그렇게 지독한 것들과 어우러지면 모를까 지금은 알 수가 없다 뙤약볕 찌는 날 꺼내보면 알 것이다 그들이 어떻게 살아있는가를 그들의 신명나는 노랫소리를 들을 수가 있을 것이다 생각하면 벌써 입맛이 돌아온다 아무도 모른다 그렇게 수더분하고 신비로운 맛을…쉿! 아무에게도 말하지마

# 단술

우리 엄니가
나, 맨날
쓴 소주만 먹고 댕긴다고 단술을 해준단다
양재기에 엿지름을 풀더니
검버섯 손으로 보릿가루를 조물조물 푼다
"생각나느냐. 느그 아부지도 이렇게 해주면 션하게 잘도 자셨지."
까끄라기 쭉정이가 뜨고
젖색 같은 앙금이 나릇나릇 가라앉는다
단내가 풍기더니 살얼음이 사르르 언다
육십이 거반 가까운 나이에
오늘 밤은
엄마 젖을 만지며 자고 싶다
섣달그믐 밤
우리 엄마 손이 엿질금처럼 반지르 윤이 난다

# 초여름 심사

사는 것이 늘 퍽퍽하고 데데하여, 어제는 무심코
영글지도 않은 하지감자를 쪄서 쇄주하고 먹다가
집사람에게 발각되어
지청구에 덤으로 쿠사리까지 읃어먹었다
감자 먹고 욕먹고 낮술이 얼큰하여 한숨 자려는디
마당에 때까치가 떼를 지어 날아와
잘 익은 보리똥을 작살내고 있었다
옳거니, 잘 걸렸다
맨발로 작대기를 들고 달려가 후려쨌다
그 놈들 죄다 도망가고
풀밭에 터질듯이 익은 보리똥만 수북했다

망종 날 그는 보리처럼 누렇게 변해갔다
오라는 비는 감감하고
푸석푸석 먼데기만 날렸다
만약에
하지 때까지 비가 안 온다면, 그는
둠벙에 대가리 쑤셔박고 죽는다 했다

해거름에는
먼 산에 울던 뻐꾸기가, 어쩔라고
마당에까지 날아와 울어쌓고 있다

# 쏘삭

한 집에 늙은이가 둘이 산다면, 서로 먼저 죽기를 바란다고 들었다
잘 지내다가도, 누가 마실이라도 와서 쏘삭거리고 갔다면
한쪽은 편을 들어주고, 한쪽을 미워했다면, 분명 그날은
종일 등 돌리고 중얼중얼거렸을 것이 뻔하다
아궁이나 화롯불도 다독거리고 그냥 덮어두면 될 일인데
찔러보고 쏘삭거리면 일번 식어버리듯, 우리는 말도 안 되는 말로
누굴 쏘삭거리고 일러바치고 참견하며 산다
그 사람들 서로간에 얼마나 쌈박질을 시켜왔던가
입 다물고 살 수는 없는 노릇인 모양이다

비 오다 눈이 내린다, 고약한 날이다
누가 아내에게 뭐라고 쏘삭거렸나, 주둥이가 한 자는 나와 있다

일찌감치 저녁 챙겨 먹고 내 방으로 건너가 잠이나 자는 것이 상책이다
다저녁에 누가 또 쏘삭거릴 줄 모르는 일이니까

# 똥도 시도 다 틀렸다

맘먹고 시 한 편 쓰려는데
어여 건너와 저녁 먹으라 부른다
뭣 좀 쓰고 먹는다고 먼저 먹으라고 했더니, 글쎄
그럼 상 치운단다, 그러라고 했더니, 글쎄
투가리 깨지는 소리를 하며, 방문을 확 열며 하는 말이
"문이나 열고 담배를 피든지 먹든지 하지 오소리 잡겄다."
윗문 아랫문 방문 죄다 열어제낀다
무너진다
순식간이다
모두 훨훨 날아갔다
단풍이 한꺼번에 우르르 진다
컴컴한 시월 초승 밤이다
똥 마려 변소까지 갔다가 무서워 그냥 들어왔다
고약한 노릇이다
똥도 시도 다 틀렸다
맘먹고 시 한 편 쓰기 어렵다
아무 데나 침 한번 퉤 뱉고, 밥상머리에 앉는다

보리밥이 아니고 쌀밥으로 고봉이다
조기 새끼 두 마리 노랗게 누워있다
입맛이 돌아왔다
나도 참 철딱서니 어지간히 없다

# 가을이다

보낼 수 없는
편지 한 장
가지고 있다면
가을이다

손톱물이 빠져 가면
한여름 다녀간
그이가 그리운
가을이다

술 취한 단풍과 놀다
길게 누워보면
홍청거리는 노을이 좋은
가을이다

수척한 얼굴로 다가와도
아직도
술렁임이 있어 좋은

가을은
미치고 말아야
가을이다

## 그래서

내가 매일 자전거를 타고 읍내를 다녀오는 것은
타고 다니던 트럭을 팔고 자전거를 샀기 때문이다
마을 이장 일을 보기 때문에, 면사무소에 들러 동정도 살피고
조합도 들러, 주민 공과금 비료대금 거름 값도 내주고
저금한 돈도 찾아다 주어야 하기 때문이다 그리고
다방에도 들러서 좀 노닥거리다가
종묘상 철물점 방앗간 들러 근동 소식도 듣는 것이다

사람들은 나를, 고무신 신고 다니는 시인이장이라 부른다
그래서, 담뱃집도 술집도 외상을 잘 준다 해거름에
퇴근하는 사람마냥 단골 술집에 들어선다
출출한 공복에 소주 한잔은 기본이라, 툭하면 자전거를 맡기고 온다
걸어서 십 리 길, 자전거로 이십 분 길
이제 막 벚꽃 창꽃 밥풀꽃이 늘늘하게 핀 신작로 따라
오늘은 터덜터덜 해찰을 하면서 집으로 간다

일 끝내고 집에 가는 복만이가
50씨씨 오토바이를 타고 씽 하니 지나간다
"시인이장님, 오늘도 얼큰하네요. 자전차 어따 놨슈?"

나도 봄날도 노을처럼 자꾸만 취해가고 있었다

# 건너뛰기

구멍이 뻥뻥 뚫린 비닐을 깔고 구멍마다 콩을 심었다
며칠 뒤
빠지지 않고 잘 심은 줄 알았는데
싹 나온 꼬라지를 보고 기가 막혔다
심는 날 거들지도 않았던 아내가 생뚱맞게 그런다
내 이럴 줄 알았지. 뭐 한 가지 제대로 하는 게 있어야지
지 구멍마다 꼬박 심어야지 건너뛰기는 왜 한겨
쑹빨이 나서 나도 불퉁맞게 그랬다
닝기미, 구멍이 여간 많아야지
다음날
아랫집에서 모종을 얻어 건너뛴 구멍을 죄다 채웠다
기운이 빠져 대충 호미를 씻는데 뒤에서 그런다
빠진 곳 없이 꾹꾹 잘도 심었네
밭두렁에서 있던 비둘기가 나를 빤히 쳐다보며
이거 봐요 머리 허연 아저씨,
여태 살면서 건너뛰기 얼마나 하고 살았슈
속으로 대답을 했다

대충 살면서 건너뛰기만 하고 살았슈,
내려오면서 다시 한번 뒤를 돌아봤다
빠진 구멍이 또 있는지

# 담배

담배 피우다 선생님께 들켰다
귀싸대기 예배당 종 치듯 얻어맞고
일주일 내내 변소간 똥 펐다
집에 와서 아버지에게 또 뒤지게 맞았다
엄마가 들어오는 틈을 타 부리나케 도망쳤다
뒷산에 올라 어른들 욕을 하며 또 담배를 피웠다
담배가 떨어지면 괭이마냥 살금살금
할머니꺼 아버지꺼 훔쳐 피웠다
할머니꺼는 겁나게 쓰거웠지만
아버지꺼는 고급이라 아주 달았다
군대 가서는 구수한 화랑담배 신나게 피다 왔고
시방도 피지만
우리 할머니 아버지 팔십을 너끈히 살다 가셨다
나는 아직 팔십이 되려면 한창 남았는데
피우다 들켜도 때려주는 사람이 없으니 슬프다
그럭저럭 한 사십 년 담배 먹었다
나는 오늘도 아내에게 또 쿠사리 들었다
뭐 하나 딱 뿌러지게 하는 일이 없으니

담배나 똑소리 나게 한번 끊어보란다
담뱃갑으로 손이 가다가 멈춘다
그 전 할머니 말씀이 생각난다
뼈 삭는다

# 풀무치

살아보니 어떠냐고 그가 물었다
사는 것이 늘 그렇고 그렇지 뭐 뾰족한 수가 있냐고,
그랬다
그러면, 사철 중에 어느 철이 그중 살만하냐고 물었다
없이 사는 놈이 대충 벗고 사는 여름이 좋다고 했다
그리고, 지금 떠나도 여한은 없냐고 물었다
아직은 멀었다고 대답을 하려다 그만두고 딴전을 봤다
감나무에서 쓰르라미가 악을 쓰고 울었고
간혹 여치도 찌직 찌직 따라 울다 그쳤다
하늘이 수상하다
아주 오래전 그가 돌아왔다
선뜻 일어나 마주할 수 없다
날개를 비벼도 소리를 낼 수가 없다 돌아 눕는다
나는 자꾸 말라간다
풀잎처럼

# 오늘도 가을입니다

노을 지는 마당에 서늘한 기온이 내립니다
아무도 없는 외딴집에 가오 가오 갈가마귀 날아가고
누가 다녀갔나 마루에 하얀 구절초 한 다발이 있어요
뜰팡 아래 지친 귀뚜리 찌리 찌리리 울어요
샛별 곁에 초승달 고요하고요
건드리면 금방 울어버릴 까만 씨가 톡톡 져요
손톱 끝에 봉선화 물 선명하더니
엊그제 세상 뜬 사람 사정없이 그리워요
단풍이나 들면 떠나지 왜 그리 서둘러 떠났나요
아파하던 모습 생각하니 눈물 고여요
손등으로 눈물을 닦고 담배를 물어요
나 여기 있다고 기별이 올 것 같은
바람이 사는 저 들길을 걸어보자고 할 듯
그렇게
오늘도 가을입니다

# 말짱 그증말

갈일 싸그리 끝내고 마을 사람들 인솔하여
관광버스 타고 단풍놀이 갔다
노인회장 인사가 끝나자마자, 뽕짝이 흘러나오고
이장은 오늘 하루는 죄다 잊어버리고
진탕 놀아보자고 했다
부녀회장은 술 따르고, 이장 마누라는 안주 대령했다
좁아터진 통로가 부산하고 분위기가 홍청거린다
일밖에 모르는 지도자도
그중 나이 많은 서천댁도 일어났다
무르팍 아프다는 시어미는 앞에서 흔들고
삭신이 쑤신다는 며느리는 뒤에서 비볐다
일렬로 서서 막춤을 춘다
버스도 덩달아 울렁울렁 춤을 춘다
잠깐 내려서 오줌 섣하게 보고서는 또다시 쿵짝이다
단풍이야 마을에서도 보기 싫어도 봐야 하고, 바람이
야
거기나 여기나 매한가지니 관광은 뒷전이다
땀을 닦고 또 뛰고, 한잔 먹고 또 뛴다

하루종일 가다 오다 왠종일 펄펄 뛰었다
마을에 도착할 때까지도 뛰었다
어거지로 헤어지는 마당에 다들 그랬다
이장, 이런 거 자주 햐. 명년 봄이 또 가 잉
집에 오면서 웃었다
말짱 그증말이었다
삭신 쑤시고 무르팍 아프다는 거
반달이 보름달보다 훨씬 환했다

# 숙맥

아내에게, 머리를 깎으려고 돈 만 원을 달랬더니
얼싸 준다, 그래서
삼 년 내내 기른 머리를
연산 장터 이발소에서 싹둑 잘랐다
긴 세월이 구름처럼 풀풀 날아갔다
내 모습이 자꾸 변해갔다
오랜만에 오셨지요
시도 잘 되시구요
헌데, 많이 빠지셨네요
그리고 염색도 하셔야지요
주름살이 편해 보이는 이발사가 그랬다
눈을 감고 아무 말도 안 했다
유리창 밖으로 풀이 죽은 해가 떨어지고
연탄난로가 썰렁하게 식어가고 있었다
어느 시인에게 전화가 왔다
머리 깎으러 갔다며
이리 와서 술이나 한잔혀 이 숙맥아
아내 말 잘 듣는 것도 숙맥인 모양이다

바람 부는 장터에서 자꾸 손이 머리로 갔다

# 제4부

# 쭉정이

어머니 젊어 한시절
밤이면 푸른 잠을 자고, 아침이 오면
그렁그렁 우는 아이들에게 모자란 젖을 물리고 있었다
미지근한 체온이 뙤약볕에 데워지고
가을이 다할 때까지 속이 까맣게 타들어 갔다
아직도 기다림이 남은
고요하고 쓸쓸할 것 하나 없어도, 자꾸 슬퍼졌다
무서리 다녀가고
일렁이는 울음도 다 삭은
시래기만 남은 배추밭으로 푸짐하게 눈이 내렸다
옥수수밭에 갔더니
아기를 업은 채 엄마가 죽어있었다
꼿꼿하게 서서 얼어 죽었다
아기도 칭얼칭얼 울다가 잠자듯 따라 죽었다
기척도 없이 마른 소리로
포대기 끈이 바람에 날렸다

# 선달그믐 밤

어머니는 설을 앞두고 정지에서 단술을 만들고 있다
고두밥에 엿기름 녹말을 풀어놓고 아궁이에 불을 땐다
창 밑에 썰어 말리는 무말랭이, 윗목에는 콩나물이 쑥쑥 자라고
말랑한 가래떡도 가지런히 누워있다
신문지에 늘어놓은 호박씨가 차분하게 말라가고
싹둑 잘라먹어도 노릇노릇 대파가 자꾸 자랐다
좁아터진 방에 향긋하고 달금한 향내가 붐볐다
단술에 살얼음이 살짝 얼면
우리는 뜨신 아랫목에서 선물을 기다렸다
아버지가 들어오시고 찬바람도 따라 들어왔다
설빔으로 사 오신 고리땡 바지와 나이론 잠바
몇 번이고 입어보고 또 입어보다가
착착 개어서 머리맡에 두고 잠이 스르르 왔다
일찍 자면 눈썹이 쉴까 봐 졸린 눈을 자꾸 비볐다
그렇게
달도 숨어버린 선달그믐 밤이 깊어만 갔다

# 어린 새

어린 새 한 마리 길섶에 앉아있다
날지도 못하면서
나는 시늉을 한다
내 손에 들어온 어린 생명
심장이 콩콩 뛴다
놓아주면 멀리도 못 가고, 힘들어
다시 앉아있다
하루만 내 품에서 지내면 날 것 같아
가슴에 품는다
잠을 자는지 숨소리만 들린다
어미 새 멀리서 지켜보고 있다

# 쌀 도둑

식구들 몰래 쌀 한 말을 퍼내어
외상값도 갚고 술과 라면으로 바꿔먹었다
그다음 날, 마당에서
방에 있는 나 들으라고 어머니가 그러셨다
우리집에 분명 쌀 도적놈이 있는디, 당최 누군지 모르겄단말여
아버지는 그러셨다
걸리기만 하면 손모가지를 잘라논다고
끽소리도 못하고 내 손을 쳐다보았다
며칠 뒤 식구들 오일장에 다들 가고 집이 텅 비었다
나는 또 도적놈이 되어 부엌문을 살금살금 열다가
기겁을 하였다
어머니가 그러셨다
어짤라고 니가 여길 들어오냐
.
.
.
그다음부터 어머니는

한숨을 길게 내쉬면서, 손가락으로
쌀 위에 그림을 그리기 시작하셨다

# 도라지밭

오늘도 그 할매 호미 들고 산에 간다
들꽃 고사리 지천으로 피어나고
고새
꾀꼬리 뻐꾸기 날아와 울어싸고 있다
어제는 그 할매 신명 나서 일하더니
오늘은 뭣이 그리 퍽퍽한지
산소 곁에 울고 있다

할매 할매 과부 할매
호미 들고 어디 가요
우리 영감 보러 가요
도라지꽃 보러 가요
심심산천 백도라지
산소 밭에 씨 뿌리고
놀다 가세 쉬어가세
보고프면 울어보세

# 냉이꽃

비록 키가 작고 가늘지만
야무지고 똘방똘방해요
누가 말을 걸어도 새침을 떼고 웃기만 해요
혼자 피기에 심심하여
여럿이 피기도 하지만
겁이 많아서 무더기로 피어나요
예쁜 짓을 잘하여, 툭하면
하얗고 노란 옷을 갈아입고
지나가는 새들에게 손짓도 하고
바람이 놀러 와 간지럽히면
간들간들 유혹도 해요
약속한 봄 고새 다녀가지만, 결코
서운하지 않아요

# 쌈

텃밭 문제로
아내와 한바탕 쌈을 하고 나서 마루에서 담배를 푸푸 피운다
뚝배기에 매운 내를 풍기며
잘박잘박 된장이 끓고
소쿠리에 쑥갓 상추가 수북하다, 아내는
먹어 보라 소리도 없이 혼자 쌈을 미어지게 먹는다
슬그머니 들어가, 밥상머리 좀 비켜 앉아, 나도
주먹만하게 쌈을 싸고 된장찌개를 넣으려는데
숟갈을 탁 친다 "어디 감히"
아니꼽게 쳐다보다가, 그냥
몇 년 묵은 시커먼 날된장만 찍어 우걱우걱 씹었다
그러다가 내가
잘 익은 돼지고기 한 점 생각난다 했더니
뱁새눈이 되어가지고 뭔 말인 줄 모르게 우구우구 지절인다
씹던 거 삼키든지 뱉어내고 말을 하든지
밥상을 물리고 좀 쉬려는데

고추 고랑 씌우는 비닐 사오란다
대답도 안 하고 텃밭으로 갔다
한참을 쳐다보다가
봄이 되면 텃밭 때문에 쿠사리만 먹으니
나 혼자 생각에
저놈의 텃밭
불탐 좋은 까시나무나 잔뜩 심을까 했다

# 궁한 봄날

논두렁에 개구리 끼륵깨륵 울더니
그새 생강꽃 피어나요
그 꽃 지고 살구꽃도 더러더러
앵두꽃 자두꽃도 피어나고요
박태기도 빨강 물이 들어요
고약한 바람 할퀴고 지나도, 꽃들은
용을 쓰고 악착같이 피어나요
그 꽃들 한창일 때
화전놀이 생각 간절하지만
이맘때면 늘
빈 봉창이 혼자 슬퍼요
이러다가 어쩌다가
봄날도 간다지요

# 나의 전생

나는 전생에 산지기나 종지기였다
그러나 가끔은, 붓으로
하얗고 검은 그림을 그리거나 글을 썼다
봄이 다시 살아 돌아오면
창꽃 피어나는 애장터 근처에서 비를 맞았고
물싸리가 하얗게 고봉으로 피어나
배고픈 줄도 모르고 산길을 헤매고 다녔다, 그리고
산을 깎고 꽃을 베고 종을 쳤다
잠 못 이루는 달밤에는
지는 꽃잎을 덮고
울다 웃다 잠이 들었다
가을에는 꼭꼭 숨어 지내다
겨울에는 아예 숨을 끊고 죽어있었다
봄이 다시 올 줄도 몰랐다

나는 전생에 산지기나 종지기였다

# 남새밭

우리 엄니
장독대 지나
번질나게 다니시는 남새밭에
아욱이랑 근대랑 한창이어요
밭 가운데
상추랑 쑥갓이랑 대파도 있어요
저 홀로 피어난
봉선화도 있구요
도라지도 있어요
우리 엄니
누구네 마실가셨나 불러도 없어요
남새밭 끄트머리
솎아 놓은 열무 한 소쿠리
저 혼자 시들어요

# 그 꽃

그 꽃이 피었다기에
쓰던 시 팽개치고 달려가 보았더니
활짝 열리지는 않았어도, 그래도
아무도 몰래, 슬쩍 만져보면
눈을 감고
혼자 수줍어 축축해지다
화르르 혼절도 하는
누가 꼭 곁에 있어야, 피어나는
흐뭇한 밤이던지
바람기 다분한 봄날
가만히 다가가 소곤소곤
그대라고 불러도 좋은
아흐 아흐흐
명자야

# 순해서 좋은 봄

봄비 다녀가시어
흙이 참 순해졌어요
꽃밭이 이뻐졌어요
어린 싹들이 고개를 내밀어요
마늘싹도 머위싹도 덩달아 솟아나요
햇살이 놀러와
부드러운 손으로
하나하나 얼굴을 만져주면
간지럽다고
얼굴을 돌리며 웃어요
봄은 하는 짓이, 색시처럼
이뻐서 참 좋아요

# 비의 향기

한겨울 작은 꽃밭에는 아무도 살지 않아요
친구라고 놀러와 혼자 떠들다 가는 가랑잎이나
풀잎이든지, 그리고 아직 살아있는 바람이
기침을 하고 떠나가지요, 이따금
비가 지나다 훌쩍훌쩍 울고 간다면, 꽃밭은
꿈처럼 지난 일을 생각하지요
추운 날 모두 잊어버리고 숨을 끊을까 하다가도
봄이 오면 또 다른 인연을 만나기에 기다리며 살지요
비가 몸을 적시어, 다시 환생을 하면
푹신한 땅에서 이름 모를 생명들과 이야기를 하지요
그리고, 사이좋게 얼굴 부비며 살아가지요
비가 오신다면, 꽃밭에는
향기로운 이야기가 가득하지요

# 안달

사람들은 봄이 그냥 저절로 오는 줄 안다
당연하게 올 줄 알고 있다, 그러나
깊은 산골이나 아직 풀리지 못한 강가에 홀로 떠다니며
우우 울고 있는 바람이나, 온몸을 잔뜩 부풀리고 떨고 있든지
밤이 되면 작은 둥지에 몸을 부비며 잠을 청하는 새
인적이 뚝 끊긴 신작로에 떠나가는 막차
불이 꺼지고 일찍 잠자리에 든 사람들
그렇게 궁시렁궁시렁 어설픈 아침이 온다
대숲에서 마당으로 살짝 다녀간 싸락눈
오목눈이 참새 잔잔한 것들 소란하고
기침하신 아버지 마당 쓰는 소리에 귀를 연다
개골창 물소리 짱알짱알
방죽 가장자리 얼음 풀리고
바람도 순해지면
봄은 그렇게
기다리지 않아도

차분하게 우리 곁으로 오는 것이다

# 바람처럼 울다

얼마나 더 가벼워져야 눈물이 마를까
얼마나 더 슬퍼져야 풀잎처럼 누울까
강가를 떠돌다 문득, 바다에 가고 싶어도
거기에 가도
쓸쓸하기는 매한가지, 차라리
바람이 사는 들길을 걷다가
철퍼덕 주저앉아 징징 바람처럼 울다가
저 깊은 세월 속으로 훨훨 날아 돌아갈 수만 있다면
송두리째 뽑힌 뿌리를 부여안고
어둔 흙 속으로 함께 파묻일 수 있다면
끝내, 그래도
숨을 거두지도 못하고 살아남은 외로움

또 다른 가을이 오고 있다
얼마나 더 물들고 살아야 떠날 수가 있을까

## 낯선 시(詩)

한 두어 달, 시 한 편
아니, 시 한 줄도 못 쓰고 있다
나는 시에게 가혹한 배신을 당해 아무도 없는 곳에 와 혼자 산다
캄캄한 여기가 밤하늘도 아니고, 땅속도 아닌 그냥, 수렁 깊숙한 곳이라
아무리 걸어 뒤돌아보아도 어디쯤인가, 알 수가 없다
여러 번 지났을 뿐, 여기는 지금
모르는 사람들이 살고, 모르는 하루가 지나간다
하루아침에 나는 낯선 이가 되어 있다
처음 보는 버스가 지나가고, 툭하면 내릴 곳을 지나 한참을 걸어온다
시가 나를 철저히 따돌리고 있다, 그런데
배가 고파온다, 허기진 배를 채운다면, 시가 돌아올까
차라리 무슨 병에 걸려, 쓰러져 눕는다면, 시가 다시 돌아올까
답답하다
그런데, 또 배가 고파온다

## 시인의 말

3년 임기인 이장직을 딱 한번하고 그만두었다.

꼭 이장을 하고 싶어하는 사람에게 물려주었다.

지금도, 벌곡 사람들은 나를 시인이장이라고 부른다.

눈을 뜨면 보이는 산, 들, 강이 하루도 같을 수가 없듯

봄이 떠나고 여름이 슬그머니 와 있다.

산골에 뿌리 내린 지 벌써 14년이 되었다.

자연과 함께 살아가니, 나도 어느새 자연인이 되었다.

타고 다니던 승용차, 트럭을 처분하고 웬만하면 걸어 다니거나 자전거를 타고 다니고

먼 곳에 가려면 버스나 기차를 타고 다닌다.

분수에 넘치게 살 수도 없고, 비울 수 있는 느긋한 마음으로 살아간다.

남을 해코지할 생각도 없거니와, 내가 좀 모지라게 손해 보고 사는 것이 참 좋다.

내가 사는 논산 벌곡에 초등학교가 두 곳이 있어, 그곳에서 아이들에게 동시창작 강의를 하고 있다.

엊그제 수업 시간에는 공부는 안 하고 버들피리를 네 시간 내내 만들어주었다.

운동장 교실이 버들피리소리로 가득했다.
이제 여름이 시작하니 보리피리도 만들어줄 생각이다.
일찍 피었던 꽃잎들이 진다.
빗님이 오신다.
탱자꽃, 대추꽃 피어나더니, 이제 감꽃이 피어난다.
낮에는 뻐꾸기 뻐꾹 뻐꾹 울더니
어두워지면서 뒷산에 소쩍새 쏘쩍 소쪽쪽 운다.

2013년 초여름 벌곡에서
최재경

솔깃

2013년 8월  7일 초판 1쇄 찍음
2013년 8월 13일 초판 1쇄 펴냄

지은이 _ 최재경
펴낸이 _ 양문규
펴낸곳 _ 詩와에세이

신고번호 _ 제319-2005-000014호
주소 _ (120-865) 서울시 서대문구 북아현동 1-495 2층
대표전화 _ (02)324-7653, 070-8877-7653
팩시밀리 _ 0505-116-7653
휴대전화 _ 010-5355-7565
전자우편 _ sie2005@naver.com
공 급 처 _ 한국출판협동조합
주문전화 _ (070)7119-1741~2
팩시밀리 _ (031)944-8234~6


ISBN 978-89-92470-85-8 03810